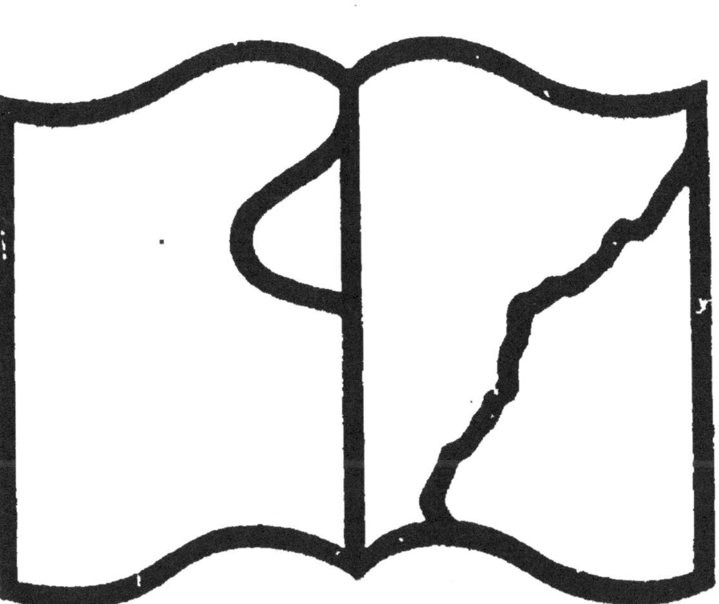

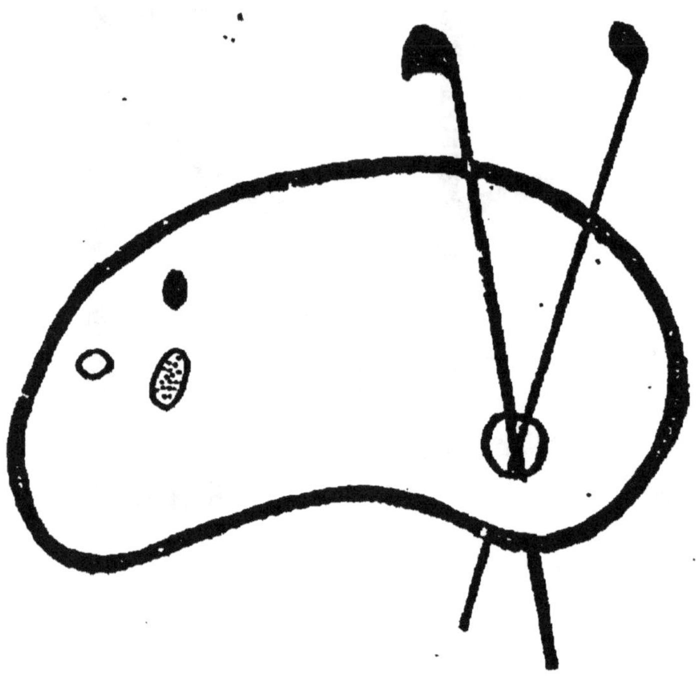

DEBUT D'UNE SERIE DE DOCUMENTS
EN COULEUR

OLLECTION PUBLIÉE PAR L'ASSOCIATION ERNEST-RENAN

Henry COSSIRA
Correspondant de Guerre d'*Excelsior*.

Les premiers Jours de l'occupation Italienne à Tripoli

3-28 OCTOBRE 1911

Georges CRÈS & Cie
LIBRAIRES
...e de la Sorbonne
PARIS

Prix : 0.25

Imp. P. COLLEMANT, 60, R. Roquette, Paris (3628)

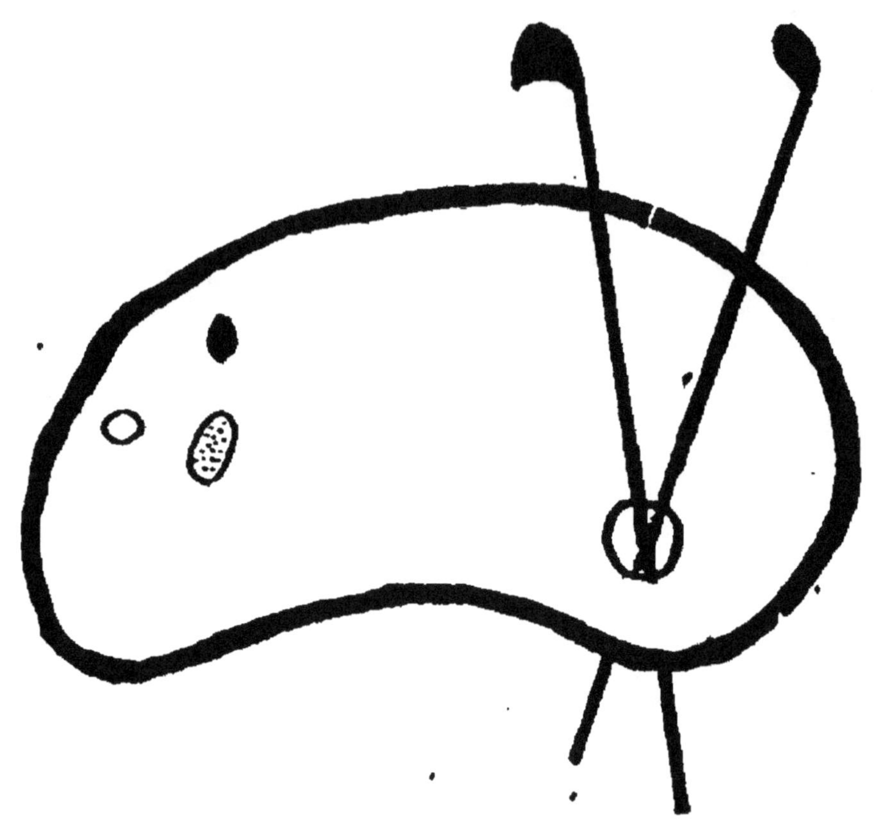

FIN D'UNE SERIE DE DOCUMENTS
EN COULEUR

Les premiers jours de l'occupation Italienne à Tripoli

3-28 OCTOBRE 1911

Je ne veux faire ici ni un cours d'histoire, ni un cours de géographie sur la Tripolitaine et la Cyrénaïque. Personne n'ignore que l'Italie convoite depuis longtemps cette ancienne partie de l'Afrique Romaine.

Les causes qui l'ont amenée à l'expédition actuelle datent de loin. Déjà, on s'en souvient, la France encourut la haine de sa sœur latine pour s'être refusée à la laisser s'établir de l'autre côté de la Méditerranée.

Bien des raisons poussaient les Italiens à la conquête des deux vilayets turcs, le dernier coin où les Musulmans fussent encore indépendants chez eux. La principale de ces raisons, c'était la nécessité pour l'Italie d'avoir une base navale de l'autre côté de la Méditerranée. C'est aussi le besoin d'expansion provoqué par l'accroissement continuel de la population dans la péninsule. Ce fut donc pour se donner un prétexte d'intervenir que la Consulta favorisa la création des succursales de la Banco di Roma. Cet établissement financier a engagé plus de 100 millions dans les deux vilayets ; il a acquis de nombreux terrains et, en somme, il était bien placé pour préparer les incidents qui ont amené le conflit actuel.

Pourtant la Tripolitaine et la Cyrénaïque sont des territoires assez peu fertiles. Ce qu'on escompte surtout y trouver ce sont des phosphates et de la houille dans les contreforts montagneux du Djebel-Gharian, c'est-à-dire à une centaine de kilomètres de la côte, qui en est séparée par les sables brûlants du désert. Tripoli elle-même est entourée d'une oasis à peine large d'une demi-lieue qui lui fait une ceinture de 26 kilomètres. Au delà, ce sont les dunes sans fin... et surtout sans eau. Seule la Cyrénaïque serait peut-être plus fertile et on pourrait espérer y cultiver le blé, l'alfa, et même l'olivier.

Il s'est donc agi avant tout d'une nécessité politique et aussi d'une question d'amour-propre national.

Lorsque l'Autriche annexa la Bosnie, le silence de l'Italie, déjà déçue par l'établissement du protectorat français en Tunisie, fut acheté par la promesse de compensations. Et ces compensations, que d'autres disent consenties par la France après Algésiras, c'était toujours l'Homme malade qui devait les payer puisqu'il s'agissait déjà de Tripoli.

On peut donc considérer que les incidents de septembre dernier n'étaient que la suite fatale et prévue d'événements déjà anciens. Il n'y a eu donc rien de précipité dans la rupture ; et, de peur de voir quelque autre peuple — les Allemands surtout — le précéder en Tripolitaine, le ministre San Giuliano a déclaré la guerre. Le ministre des affaires étrangères italien ne pouvait d'ailleurs choisir meilleur moment que de profiter de l'incurie régnant dans les vilayets à la suite de la révolution turque. Tripoli et la Cyrénaïque étaient confiées à la seule garde de quatre ou cinq mille réguliers très mal armés. Et, pour comble de malchance, lorsqu'on voulut envoyer des fusils et des cartouches, le vapeur qui apportait cette précieuse cargaison arriva la veille ou l'avant-veille du bombardement. Si bien que les Turcs durent le couler pour ne pas le laisser entre les mains de leurs ennemis.

Le bombardement de Tripoli.

Lorsque j'arrivai à Tripoli, le 10 octobre dernier, les marins italiens l'occupaient depuis trois jours. Occuper n'est peut-être pas le terme exact, car ils se tenaient sur une prudente défensive ne sachant pas si l'ennemi allait venir les attaquer. Le vice-amiral

Favarelli commandant la flotte d'investissement avait dû attendre plusieurs jours après le bombardement — lequel avait eu lieu le mardi 3 octobre — avant de faire débarquer ses marins.

La victoire avait été trop facile : il en résulta, pour les nouveaux venus, une excessive confiance en eux-mêmes.

Avec quelques coups de 305 et de 240 les forts turcs avaient été réduits au silence. Comment auraient-ils pu faire pour résister davantage, armés de quelques Krupps modèle 1875 ? Le fort Espagnol ou fort Rose qui commande le port même de Tripoli eut été le plus susceptible de se défendre. Mais sa position même entraînait trop de dangers pour les habitations européennes. Quant au fort du Château où se trouvait le Phare, le fort Sultanieh à l'ouest, le fort Hamidred à l'est, près des antiques tombeaux des Carasmondi — les maîtres de Tripoli avant qu'ils en fussent dépouillés par les Turcs — toutes ces positions construites sur les dunes, faites plutôt pour arrêter des bandes arabes et leur inspirer la crainte de leurs oppresseurs, ne purent tenir plus de deux heures sous la pluie de mitraille qui leur fut envoyée par l'escadre assiégeante.

Dès le lendemain de mon arrivée, j'allai visiter les ruines écroulées et encore fumantes. Je fus frappé du désordre inouï qui y régnait et, en voyant les caisses de gargousses et les barils de poudre éventrés abandonnés au milieu de monticules d'obus de tous les calibres, je me rendis compte du désarroi qui avait dû régner dans la garnison non préparée à cette attaque des cuirassés ennemis.

D'ailleurs, malgré tout ce qu'ils auraient pu tenter, les Turcs ne pouvaient songer à la résistance contre une flotte aussi bien outillée que celle du vice-amiral Favarelli, Tripoli n'ayant aucune position naturelle pour se défendre. Ils le comprirent bien et c'est pourquoi, conscients de leur infériorité, ils se décidèrent à évacuer la ville sans coup férir, n'ayant eu qu'un soldat tué, préférant concentrer tous leurs efforts à l'intérieur.

Les 2 ou 3000 réguliers ottomans qui occupaient Tripoli, après avoir enlevé la culasse des canons qu'ils ne pouvaient emporter, se replièrent donc le soir même du bombardement derrière l'oasis qui entoure la ville pour y attendre les événements. C'est alors que les Européens qui n'avaient pu quitter la ville vécurent des heures tragiques.

La colonie française était la plus importante. Notre consul général, M. Séon, avait alors à s'occuper de plus de 2500 ressortissants, la plupart Juifs et Tunisiens. Ce chiffre a beaucoup diminué depuis trois mois, car les Tunisiens ont regagné leur pays et les

Juifs ont cru le moment venu de passer sous la protection des autorités italiennes.

Or, au début du conflit, notre consul général était en congé en France ; rappelé d'urgence, il n'arriva en rade de Tripoli que le 3 octobre, au moment même où commençait le bombardement. Il lui avait été impossible de débarquer et le vapeur *Tafna* qui l'avait amené le reconduisit à Sfax, où il dût attendre huit jours pour rejoindre son poste.

En son absence, c'était à notre vice-consul M. Thiellet qu'incombait le devoir de faire respecter, avec notre pavillon, la vie et les biens de nos compatriotes. Le 30 septembre, vers 11 heures du matin, M. Thiellet reçut la visite de son collègue italien M. Galli. Celui-ci venait l'avertir que l'amiral Favarelli, qui avait envoyé son ultimatum au gouvernement turc, l'avait avisé que le bombardement commencerait à deux heures de l'après-midi si la ville ne se rendait pas.

Trois heures ! Tel était le délai accordé aux Européens pour quitter Tripoli ! Comment cela leur eût-il été possible, puisqu'il n'y avait qu'un seul paquebot sur rade ? Encore le vice-consul anglais s'était-il empressé de réquisitionner ce bateau qui battait pavillon britannique afin d'y faire embarquer ses protégés maltais. Néanmoins, bien qu'il fût à peu près tranquille pour ses propres ressortissants, le consul anglais joignit ses protestations à celles de ses autres collègues.

Notre vice-consul réclama avec énergie l'envoi de deux vapeurs exclusivement réservés à ses protégés et il s'éleva non sans raison contre la façon assez cavalière dont il était prévenu. Le consul italien répliqua que lui-même venait d'apprendre seulement les intentions du commandant de l'escadre. Certaines paroles aigres-douces furent échangées de part et d'autre dans la cour du Consulat italien sans que M. Thiellet pût obtenir un délai plus long, ni même les moyens de faire embarquer nos nationaux.

Cependant des instructions venues de Rome retardèrent de 48 heures la dénonciation de l'ultimatum. La colonie italienne profita de ce délai pour quitter Tripoli : les employés de la Banco di Roma, les sœurs de Saint-Joseph, les pères Franciscains, les hôteliers, dont la plupart Siciliens, tous fermèrent hermétiquement les portes de leurs maisons pour s'embarquer et aller attendre dans leur patrie que les soldats italiens fussent les maîtres de Tripoli.

Restaient les autres Européens, qui eux, faute de temps et faute de moyen de transport, ne pouvaient songer à quitter Tripoli. Aussi,

(1) La rade de Tripoli (au fond, le poste de télégraphie sans fil sur le fort Rose). — (2) Les officiers aviateurs du corps expéditionnaire. — (3) Batterie italienne à Sidi el Mezsri. — (4) Après le combat de Charah el Chott, le 23 octobre. — (5) M. Henry Cossira, correspondant d' « Excelsior ».

le 3 octobre, lorsque vers 11 heures du matin, le vice-amiral Favarelli fit tirer le premier coup de canon sur les forts, tous les protégés français accoururent au Consulat, sur le mirador duquel notre drapeau fut aussitôt hissé.

Cela n'empêcha pas d'ailleurs que de nombreux éclats d'obus vinssent tomber sur le terrain du Consulat, transformé en une sorte de petit camp retranché, où une dizaine de nos compatriotes, parmi lesquels deux ingénieurs, un restaurateur et sa femme et une chanteuse de café-concert, semblaient se soucier fort peu de l'ouragan de fer qui passait sans discontinuer au-dessus de leurs têtes.

Pourtant le tir de l'escadre n'était pas fait pour rassurer, bien que l'amiral eût promis et se fût efforcé d'ailleurs d'épargner la ville pour ne s'en prendre qu'aux ouvrages fortifiés. Plusieurs maisons, surtout dans le quartier juif, furent traversées de part en part par des obus de 305. Le Consulat autrichien qui se trouve près des palmiers de l'oasis fut lui-même très menacé.

On conçoit le tapage que pouvaient faire six cuirassés modernes concentrant le feu de leurs canons sur un même point. Mais, malgré son extrême violence, ce bombardement qui dura jusqu'à 6 heures ne fit que sept ou huit victimes, toutes indigènes.

Comme je le disais tout à l'heure, ce fut après le bombardement que la situation fut la plus angoissante pour les Européens restés à Tripoli. En effet, quand les réguliers turcs se furent repliés dans l'oasis, les Arabes restèrent maîtres de la ville et on eut l'impression qu'ils allaient se livrer à des représailles « contre les Chrétiens, contre ces chiens de Roumis », ainsi qu'ils désignent les Européens, de quelque religion qu'ils soient.

Déjà ils avaient pillé les magasins d'habillement et les casernes. C'est du reste ce qui sauva probablement les habitations européennes. Un vapeur le « Dernah », ce bateau qui avait apporté 18.000 fusils Mauser tout neufs et cinq millions de cartouches et que les Turcs n'avaient réussi à couler qu'à moitié, fut également livré au pillage et les indigènes y trouvèrent de quoi s'armer.

Tout était donc à craindre si le fanatisme musulman s'en mêlait — comme il devait le faire trois semaines plus tard — d'autant plus que la flotte italienne avait fait taire ses canons. Affamés par quatre années de misère et de disette, les indigènes auraient pu se livrer aux pires exactions.

Le président de la municipalité indigène de Tripoli, Hassunah-Pacha, chef de la famille des Caramanli, usa, il est vrai de son influence pour empêcher toute violence. Grâce à lui, le 6 octobre, lorsque les premiers marins italiens débarquèrent au port de la Douane, les réfugiés des Consulats en avaient été quittes pour trois journées et trois nuits d'inquiétude, terribles il faut le reconnaître.

Quinze cents marins, recrutés un peu sur tous les navires de la flotte, prirent donc possession de Tripoli au nom du roi Victor-Emmanuel. Le drapeau aux armes de la maison de Savoie fut aussitôt hissé sur les forts et les édifices publics, tandis que le second du vice-amiral Favarelli, le contre-amiral Borea Ricci s'installait au konak en qualité de gouverneur provisoire.

Pendant trois jours encore il devait y avoir de vives alertes, car les réguliers turcs n'étaient qu'à cinq kilomètres à peine des vieux remparts. S'ils avaient voulu, avec un peu d'audace, ils pouvaient reprendre Tripoli, et les quinze cents marins, pris entre les Arabes et eux, eussent été infailliblement jetés à la mer, malgré leur vaillance et malgré les canons de leur flotte, qui eussent été d'ailleurs dans l'impossibilité d'intervenir. Au lieu de risquer ce coup de main, qui eût certainement réussi, le commandant des forces ottomanes se borna à essayer de couper les conduites amenant l'eau potable à Tripoli. Tous ses efforts se portèrent du côté de la fontaine de Bou-Meliane, point d'adduction des eaux. Pendant trois nuits des rétifs essayèrent d'arriver devant cette fontaine que le commandant des marins débarqués, le capitaine de vaisseau Cagni, promu depuis contre-amiral pour sa belle conduite, avait eu la précaution de faire garder par 400 hommes résolus. Les Turcs commirent la grande faute de ne pas pousser à fond leurs attaques, ne risquant que de faibles bandes que les marins appuyés par les canons de l'escadre repoussèrent chaque fois.

Les Italiens sont fiers de leur flotte. Ils en ont bien le droit, car il faut reconnaître que c'est grâce à leurs marins qu'ils ont pu s'emparer de Tripoli et s'y maintenir jusqu'à l'arrivée du corps expéditionnaire. Toutefois, malgré la bravoure des matelots du commandant Cagni, qui ne voulaient prendre aucun repos et qui restèrent nuit et jour aux tranchées, l'inquiétude avait reparu parmi les Européens qui craignaient à nouveau le soulèvement des Arabes.

Lors de mon arrivée, c'est-à-dire dans la nuit du 10 au 11 octobre, le bruit se répandit subitement que les Arabes de l'oasis, armés avec les fusils pris sur le « Dernah », allaient surprendre la ville, tandis que les réguliers turcs attaqueraient les marins. Inutile de dépeindre l'affolement que ce bruit provoqua.

Bien que je fusse fatigué par le voyage, je voulus, pour bien voir, passer toute la nuit sur la terrasse d'une auberge abandonnée par ses propriétaires (mais habitée par des myriades de moustiques ou autres insectes plus dévorants), où, faute de trouver un autre gîte je m'étais installé après avoir enfoncé la porte d'un coup d'épaule ; j'en avais aussitôt fait les honneurs à quelques camarades qui sans cela eussent risqué de coucher à la belle étoile.

Du haut de mon observatoire, je voyais d'un côté toute la rade avec la ligne noire des cuirassés dont les réflecteurs électriques fouillaient l'oasis. De l'autre, les palmeraies silencieuses se profilaient au delà des terrasses. Malgré mon attente, aucun incident, pas le moindre coup de feu ne troubla le calme de cette nuit, la première que je passai sur le théâtre de la guerre.

L'arrivée du corps expéditionnaire.

Avec le jour, reparut la confiance. Et ce qui redonna de l'assurance aux Européens, et à ceux qui étaient arrivés la veille par le même bateau que moi, ce fut l'annonce de la prochaine arrivée des transports amenant l'avant-garde du corps expéditionnaire.

Tous les regards se tournèrent dès lors vers la mer, scrutant l'horizon avec anxiété. Quels soupirs de soulagement s'échappèrent des poitrines, lorsque le 12, vers 8 heures du matin, plusieurs panaches de fumée furent visibles dans le lointain, grossissant sans cesse. Quatre heures après, trois énormes paquebots convoyés par un croiseur et quelques torpilleurs mouillaient dans la rade : ils amenaient cinq mille hommes. Sans plus tarder le débarquement commença simultanément sur trois points de la côte : au port de la Douane, sur le wharf du grand Soukk et à l'ouest de Tripoli, sur la plage de Gargaresch.

A midi, trois régiments d'infanterie étaient déjà à terre et, sans perdre de temps, se rendaient aux avant-postes et aux tranchées creusées hâtivement par les marins.

Les Européens et les Juifs respirèrent plus à l'aise. Les baïonnettes des bersaglieri leur inspiraient plus de confiance que les fusils des zaphtiès, ces gendarmes indigènes qui, poussés par Hassunah-Pacha, avaient offert leurs services au contre-amiral Borea-Ricci. Les zaphtiès avaient été mis à la disposition d'un officier de carabiniers, le commandant Craveri, lequel, ayant fait partie de la mission internationale de gendarmerie envoyée en Crète, avait eu plusieurs de ces soldats sous ses ordres. Les zaphtiès reconnurent leur ancien instructeur et lui obéirent volontiers lorsqu'il eut été investi des fonctions de chef de la police de Tripoli.

En voyant les premiers détachements italiens défiler dans les rues de la ville, je ne pus me défendre de faire intérieurement diverses remarques peu favorables, je l'avoue, aux organisateurs de l'expédition. Ces soldats n'avaient de colonial que le casque, — et encore les bersaglieri avaient tenu à conserver leurs légendaires plumes de coq. On les avait affublés d'un uniforme gris très épais et ils emportaient sur leur dos un équipement formidable. Avec cela, leurs sabres baïonnettes leur battaient lamentablement dans les jambes.

A peine débarqués, les malheureux commençaient déjà à s'éponger le front, tant ils étouffaient sous leur harnachement. Et l'on songeait alors à les former en colonne pour les envoyer à travers les dunes forcer les Turcs dans les contreforts du Djebel-Gharian ! Rien qu'à voir leur marche pesante, on sentait que ces pauvres gens, malgré leur bonne volonté, ne feraient pas dix kilomètres dans les sables sans tomber exténués. Que cela nous éloignait de l'allure légère de nos zouaves, de nos tirailleurs, de nos marsouins si alertes, si rompus à toutes les vicissitudes des expéditions coloniales !

Je n'étais pas au bout de mes constatations, car le lendemain douze autres transports arrivaient à leur tour avec le gros du corps expéditionnaire et son commandant en chef le général Caneva.

Je vis alors débarquer la cavalerie et l'artillerie. Certes, les chevaux étaient superbes. Mais comment pouvait-on s'imaginer que ces énormes bêtes, dignes de figurer dans des régiments de cuirassiers, auraient pu s'aventurer dans les sables sans y enfoncer presque jusqu'au poitrail ?

Quant aux batteries d'artillerie, elles se composaient de lourdes pièces de campagne, traînées par six mules, parfaitement susceptibles d'évoluer sur des routes, mais totalement inutilisables dans les dunes.

Vraiment il avait fallu que ceux qui avaient préparé l'expédition fussent peu au courant des nécessités d'une guerre coloniale. L'exemple d'Adouah n'avait donc servi de rien et la même imprévoyance qui avait conduit les Italiens à la désastreuse campagne d'Abyssinie avait présidé aux préparatifs de la conquête de la Tripolitaine.

Pourtant, qui eût pu croire que ce formidable corps expéditionnaire de 25.000 hommes n'était lui-même qu'une avant-garde ?

Quinze mille soldats à peine nous ont suffi pour nous rendre maîtres du Maroc. Il faut reconnaître toutefois que nous avions eu tout le temps d'apprendre la « manière » en Algérie, en Tunisie et au Soudan.

A l'heure actuelle, plus de 120.000 Italiens occupent les côtes de la Tripolitaine et de la Cyrénaïque et, malgré leur nombre, ils sont loin de pouvoir se dire les maîtres des deux vilayets. Bien plus, ils ne peuvent même pas se hasarder dans l'hinterland.

Quoi qu'il en soit, du jour où le général Caneva fut installé au konak, que le contre-amiral Borea-Ricci lui eut transmis ses pouvoirs de gouverneur et qu'il eut reçu l'hommage d'Hassunah-Pacha entouré de quelques notables indigènes, les Italiens crurent que la conquête était un fait accompli et qu'il leur suffirait d'une simple marche militaire dans l'hinterland pour pacifier tout le pays et le soumettre à leur domination. Combien après un tel enthousiasme le réveil dût-il être cruel ? Au début de novembre, le général Caneva lisait aux troupes et à la population le décret royal proclamant l'annexion. Deux généraux seulement étaient à ses côtés : le général de division Pecori Giraldi et le général de brigade d'Amiglio. Actuellement, il y a 27 généraux en Tripolitaine, 126.000 soldats, une trentaine d'aéroplanes, des dirigeables, tout cela appuyé par la flotte. Et le décret d'annexion n'est encore qu'une vaine formule !

C'est l'enthousiasme de la première heure et cette confiance exagérée des Italiens qui firent que les premières scènes de l'occupation de Tripoli se déroulèrent dans la plus banale tranquillité. Les soldats commencèrent par établir un vaste camp retranché autour de la ville, construisant des parcs de génie et d'artillerie, des boulangeries, etc.

Mais ce qui attira mon attention ce fut l'installation du parc d'aviation de Gargaresch. La seule initiative intéressante avait été de recourir à la quatrième arme, qui allait faire ses débuts en temps de guerre. Les aéroplanes n'ont pas déçu l'espoir qu'on avait eu de leur utilité.

Neuf caisses avaient été débarquées à Gargaresch. Elles contenaient deux Blériot, deux Nieuport, trois Farman et deux Etrich, ces deux derniers de marque allemande. Les « oiseaux de France » composaient donc la flotte aérienne de l'Italie. Et les officiers aviateurs eux-mêmes n'étaient-ils pas les élèves de nos écoles de Pau, de Reims et de Douai ? Les Turcs ont donc eu quelque raison de s'étonner lorsque, sous prétexte de contrebande de guerre, les Italiens ont protesté contre leur intention d'acheter des aéroplanes en France et de recruter un peu partout des aviateurs.

De tous les officiers italiens, ce sont incontestablement les aviateurs qui méritent la plus sincère admiration pour leur courage et leur valeur. Au début de l'occupation, ils n'étaient que neuf ou dix — ils sont maintenant une trentaine, tant à Tripoli qu'à Benghazi — mais ils étaient commandés par deux hommes véritablement braves, le capitaine Piazza et le capitaine Moïzo.

Ces deux officiers, trois ou quatre jours après leur débarquement à Tripoli et après avoir surveillé le montage de leurs monoplans, s'aventurèrent au dessus du désert sans connaître les vents et leurs remous, absolument nouveaux pour eux. Peu leur importait de voler au devant de la mort. Ils savaient que la moindre panne du moteur, les forçant à atterrir dans le désert, serait pour eux la cause d'un trépas plus horrible que s'ils tombaient de 1.000 mètres de haut.

Les Arabes les avaient salués par les cris : « *Voilà le Diable !* » lorsque, le 22 octobre, ils avaient vu les blanches ailes de leurs monoplans couper pour la première fois l'azur du ciel tripolitain. Mais il n'en est pas moins certain qu'ils auraient massacré les deux audacieux avec tous les raffinements dont ils ont le secret si jamais ils avaient pu les avoir en leur pouvoir.

Le capitaine Piazza avec qui j'ai eu le plaisir de m'entretenir plusieurs fois m'expliqua que le rôle de ses camarades et le sien ne devaient pas se borner uniquement à l'observation : ils devaient combattre et pour cela emporter avec eux des bombes spécialement fabriquées à leur usage. Ces bombes aériennes sont de deux sortes. L'une inventée par le bataillon spécial du génie d'aérostation et d'aviation est une sorte de boîte carrée, formée par une armature en toile et fil de fer qui contient un explosif dit *Filite*. Précipitée dans le vide, elle déroule un fil long d'une dizaine de mètres, dont l'aviateur tient l'extrémité, et qui en se détachant brusquement arme le projectile. L'autre bombe, qui est ronde et chargée de *Tritolo*, imaginée par la marine, produit des effets plus terribles que la première. L'une et l'autre pèsent le même poids, 1.500 grammes environ, et chaque aviateur peut en emporter une quarantaine avec lui.

Il paraîtrait — je n'ai jamais pu le contrôler — que les aviateurs à l'aide de ces bombes font de grands ravages dans le camp des Turcs. Or ceux-ci se gardent bien de faire connaître leurs appréciations. Mais, s'il est de toute évidence que les bombes « aériennes » pourraient faire éprouver des pertes graves à une masse compacte d'hommes, il est plus que douteux qu'elles soient très à craindre dans le désert où les Arabes s'égaillent derrière les dunes. Les gros obus de 240 et 305 tirés par la flotte pour protéger les troupes n'étaient-ils pas presque inoffensifs lorsque, tombant dans les dunes, ils s'y enfonçaient sans éclater ?

Détail plus curieux, ces projectiles énormes constituaient alors de véritables dangers pour les soldats italiens eux-mêmes, qui pour ne pas les heurter accidentellement étaient obligés de les repérer à l'aide de petites pancartes mentionnant en gros caractères : « E pericoloso ».

Plus pratiques étaient les Arabes qui, la nuit venue, s'approchaient de ces gros projectiles et, au risque d'être déchiquetés par l'explosion de l'engin, dévissaient les fusées pour en extraire la poudre. Les Italiens ravitaillaient ainsi leurs propres adversaires.

Pendant toute la durée de l'installation du camp d'aviation à Gargaresch, l'intérêt se trouva uniquement porté de ce côté, au point qu'on en oubliait l'état de guerre.

Le débarquement d'un immense matériel continuait néanmoins : des flancs des transports sortaient des camions automobiles, de longues théories de voitures siciliennes aux panneaux si curieusement enluminés, des caravanes de petits ânes et de mulets achetés en France — encore le respect de la neutralité !

Et ce qui arriva aussi en nombre respectable — plus de 5.000 — ce furent les infirmiers de la Croix-Rouge — volontaires militarisés, qui, en temps de guerre — c'était le cas, — portent le même uniforme que les soldats avec cette distinction qu'au col de leur dolman, ils ont une petite croix rouge cousue entre les deux étoiles réglementaires.

Toutes les villes d'Italie qui ont des sous-comités de la Croix-Rouge avaient envoyé des délégations et l'organisation générale avait été laissée au Comité Central de Rome que préside le comte Taverna.

Pourquoi les Arabes se révoltèrent.

Les indigènes semblaient satisfaits de cette affluence. Ils comptaient tirer quelques bénéfices, qui leur auraient fait oublier quatre années de famine. Ils vinrent donc autour des campements, offrant aux soldats tout ce qu'ils avaient pillé dans les magasins d'habillement et les casernes après le bombardement. Un uniforme khaki valait trois francs, une pelisse de soldat quarante sous. On avait une paire de jambières en drap pour 80 centimes. Enfin, comme beaucoup d'autres personnes, j'ai pu acheter pour 10 francs un splendide Mauser absolument neuf et sa baïonnette, provenant du pillage du Dernah.

Après la révolte du 23 octobre, j'ai même acheté pour vingt sous cinq mille cartouches Mauser que je me suis empressé de remettre à un sergent d'infanterie. Le Juif qui me les avait cédées tremblait d'être arrêté pour avoir chez lui ce dangereux dépôt.

Les Arabes vendaient aussi des objets de moindre valeur : des pastèques, des dattes, des allumettes, du cognac français à vingt sous la bouteille — ce n'était certes pas du Trois-Etoiles. — Et les petits soldats qui, avant de s'embarquer avaient eu les poches bourrées par leurs parents, s'empressaient d'acheter. Pour payer ils sortaient de leur porte-monnaie le billet de 5 lires, donné par le père ou par la mère. Une pastèque coûtant trois sous, cela obligeait le marchand à chercher dans ses haillons 4 fr. 85 pour rendre à l'acheteur. Bien que méprisant le papier et préférant de beaucoup une pièce d'argent, l'Arabe acceptait le billet de 5 lires, croyant qu'il avait toute sa valeur. Quelle n'était pas sa déception lorsqu'en présentant le billet aux guichets de la Banco di Roma, il ne recevait que 4 fr. 80. Ainsi, non seulement il perdait le prix de sa pastèque, mais l'opération lui coûtait un sou.

On comprendra sans peine qu'un Arabe, toujours si habile à duper son prochain, devait concevoir de la haine pour ceux qui lui faisaient faire des marchés si onéreux. Cette petite question du change ne fut pas étrangère au soulèvement des indigènes.

La plus parfaite quiétude régnait donc à Tripoli, si ce n'est qu'on était sans nouvelles des Européens restés à Benghazi, et, comme on savait le soulèvement des tribus senoussistes, on redoutait le massacre des quelques Français et Italiens restés dans la capitale de la Cyrénaïque.

De temps en temps, un parlementaire turc, vêtu à l'arabe, se présentait aux lignes italiennes et se faisait conduire devant le général Caneva, qu'il sommait de réembarquer aussitôt avec tous ses soldats. Naturellement le parlementaire était reconduit hors des lignes sans même emporter une réponse pour son chef.

La sécurité était si grande qu'on ne faisait pas la moindre attention aux allées et venues des indigènes. On avait même poussé la négligence jusqu'à ne pas désarmer la population. De telle sorte que les Arabes avaient conservé les fusils et les munitions trouvés sur le Dernah.

Le ravitaillement des soldats turcs qui campaient dans l'oasis se faisait sous les yeux des Italiens. Les Arabes traversaient les avant-postes emportant des boules de pains qu'ils avaient reçues de l'intendance italienne et dans chacune desquelles ils avaient caché deux ou trois douzaines de cartouches. Et ce fut par hasard qu'un soir, une sentinelle arrêta une caravane de 250 chameaux chargés de provisions et de munitions qui allaient franchir les lignes. La prise était bonne, mais combien d'autres chameaux étaient déjà passés avant ceux-là ?

Les Turcs, eux, n'avaient pas perdu leur temps, et, sachant par expérience que la manière forte leur avait toujours réussi, ils avaient averti les Arabes qu'ils devaient se décider sans la moindre hésitation à les aider. Ils ne leur avaient d'ailleurs pas laissé le choix, et leurs émissaires avaient prévenu les tribus que, si elles ne se joignaient pas à eux pour combattre les ennemis d'Allah et du Sultan, ils viendraient les massacrer et brûler leurs villages.

Devant de tels arguments, les Arabes sentirent revenir leur foi religieuse, et, pour ne pas être massacrés, ils décidèrent la révolte contre l'envahisseur, dont le joug aurait pu cependant leur paraître moins dur à supporter que celui de leurs farouches corre-ligionnaires.

Ils se soulevèrent donc ; mais cela ne les empêcha pas d'être massacrés, bien au contraire.

La révolte du 23 octobre.

J'en arrive aux tragiques événements du 23 octobre. Ce jour-là, précisément, paraissait dans un journal de Paris, — ce n'était pas *Excelsior* — un article qui concluait ainsi : « La conquête de la Tripolitaine est virtuellement terminée ! » Cruelle ironie, puisqu'au même moment, la guerre sainte était déclarée dans les vilayets qu'on annonçait conquis.

Ce fut le capitaine Piazza qui le premier me laissa entendre qu'une attaque se préparait contre l'armée du général Caneva.

L'aviateur avait effectué sa petite randonnée matinale, lorsque vers 7 heures, il revint atterrir à Gargaresch. Il me raconta alors qu'il avait aperçu, vers l'ouest, des taches noirâtres qui lui avaient semblé les vestiges d'un camp abandonné. Quelques instants après, le capitaine Moizo revenait lui aussi à bord de son Nieuport et certifiait qu'il avait vu, tant à l'est vers Tadjourah qu'à l'ouest, autour de Gargaresch, des groupes d'Arabes se glissant dans les dunes. Il était donc bien évident qu'il se tramait quelque chose. Une demi-heure après, tout autour du camp italien la fusillade éclatait. Les Turcs attaquaient. La surprise était d'autant plus grande que l'ennemi avait pu s'approcher si près des tranchées que les Italiens furent un bon moment dans l'impossibilité de se servir de leurs canons. Pendant trois quarts d'heure, ce fut un duel de mousqueterie, à l'issue duquel les assaillants finirent par se replier. Dès lors l'artillerie italienne se mit de la partie, et les deux seuls cuirassés restés sur rade — les autres étaient partis la veille pour aller bombarder Benghazi - vinrent s'embosser en face de Gargaresch pour appuyer les soldats avec leurs canons de 240.

C'est ce qu'attendaient les Turcs, renseignés qu'ils étaient sur le départ des autres navires de l'escadre. Tandis que les cuirassés canonnaient inutilement les dunes au delà de Gargaresh et que leurs obus se perdaient dans les sables, la terrible surprise de Charah el-Chott se préparait simultanément avec la révolte en ville.

Vers onze heures du matin, alors que la fusillade parut s'apaiser du côté de Gargaresch, une autre plus violente se fit entendre soudain de l'autre côté de Tripoli. Pendant quelques instants, on crut à une nouvelle tentative contre la fameuse fontaine de Bou-Meliane. Mais la vérité fut bientôt connue et elle se répandit en ville comme une trainée de poudre, causant une véritable stupeur. Une compagnie de bersaglieri avait été enveloppée et massacrée jusqu'au dernier homme, les officiers étant tombés les premiers.

Ce qu'il y avait de plus grave dans la nouvelle de cette surprise, c'était que les soldats avaient été tués non pas frappés en face par les balles turques, mais pris à revers par les Arabes qui vivaient dans l'oasis comprise entre Bou-Meliane et Tripoli. Les indigènes avaient obéi aux ordres des émissaires turcs et, profitant de ce que quelques réguliers simulaient une attaque contre les bersaglieri, ils avaient surgi derrière eux et avaient fusillé à bout portant les soldats sans défiance.

De suite des détachements partirent pour Charah el-Chott, où le combat dura toute la journée pour se terminer par l'incendie de ce village dont les huttes étaient de véritables soutes à munitions.

Cette tragique journée fut marquée par bien d'autres incidents qui amenèrent une effroyable panique dans Tripoli même.

A midi, je me trouvais à table avec notre vice-consul et trois Français restés à Tripoli lorsque tout-à-coup nous entendîmes crier : « Les Arabes sont dans la ville ! » ; en même temps que des gens, des chevaux, des voitures passaient en courant devant la maison où nous déjeunions. Soudain, deux ou trois coups de feu éclatèrent dans la direction du petit soukk ou marché au pain. Nous crûmes à une simple bagarre, mais je sortis néanmoins pour aller aux informations. J'arrivai au milieu du grand soukk, cette immense place qui est entourée par les casernes, lorsque je m'aperçus que j'y étais absolument seul. Des coups de fusils éclataient un peu dans toutes les directions et, ma foi, je n'étais pas trop rassuré. Je me décidai à me rapprocher du quartier de cavalerie, au seuil duquel un lieutenant de carabiniers se tenait, debout contre une poterne. Je n'étais plus qu'à quelques mètres de l'officier quand, après avoir entendu une détonation, je le vis tomber en poussant un cri. Le malheureux venait de recevoir une balle dans le ventre et il devait succomber quelques heures après.

Des soldats se précipitèrent vers une petite hutte construite le long du mur même de la caserne et en tirèrent deux Arabes absolument nus et une femme qui, sous ses haillons, dissimulait plusieurs revolvers. L'un des Arabes tenait encore dans ses mains le fusil qui lui avait servi pour tirer sur le lieutenant. Séance tenante, les deux indigènes furent abattus à coups de fusils et leurs cadavres laissés sur place, tandis qu'on emmenait leur compagne, non sans la rouer de coups.

Je revins alors vers le restaurant où j'avais laissé mes compagnons de table. Le vice-consul était visiblement inquiet et il ne me cacha pas que la situation était réellement grave. D'accord avec les assaillants du dehors, les Arabes de Tripoli s'étaient révoltés et avaient profité pour faire éclater l'émeute de ce que les femmes des fonctionnaires turcs et des officiers partis dans le désert s'embarquaient au port de la Douane pour monter à bord d'un paquebot allemand, le *Galata*, qui devait les conduire à Constantinople.

Armés de revolvers, les chefs du mouvement avaient assailli des soldats isolés pendant que se déroulait le combat de Charah el-Chott. Sur tous les points de la ville, la révolte avait éclaté et, près de la porte Bab-el-Soukk, un des serviteurs nègres ou cawas du consulat d'Allemagne avait poignardé un artilleur italien. On se battait dans les rues de Tripoli, et ce qu'il y avait d'inquiétant c'était que les coups de feu éclataient de tous les côtés sans qu'il fût possible de savoir d'où ils partaient.

L'affolement ne tarda pas à gagner les soldats eux-mêmes, et on eut alors le spectacle inoubliable d'une panique dans une ville défendue par un cordon de 20.000 hommes. Au konak, des soldats de toutes les armes : marins, bersaglieri, artilleurs, cavaliers, garnissaient les créneaux ou brisaient à coups de crosse les carreaux des fenêtres et entassaient dans les embrasures des matelas et des meubles, édifiant ainsi des barricades improvisées.

Dès la première alerte notre consul général avait donné l'ordre de hisser notre pavillon sur la terrasse du Consulat. Mais à peine le cawas chargé de cette mission fut-il arrivé sur le mirador qu'il fut salué par une pluie de balles dont l'une traversa son bonnet et une autre, sa culotte de zouave. C'étaient les infirmiers de la Croix-Rouge italienne qui, du toit d'une maison voisine transformée en hôpital, avaient tiré sur le drapeau français. Et, comme le cawas leur faisait des signes, ils le remirent en joue, si bien que le pauvre nègre eut juste le temps de disparaître.

Le lendemain, le consul demanda des explications. Le général Caneva lui répondit que les infirmiers avaient pris le cawas pour un Musulman donnant le signal de la révolte. M. Séon se déclara satisfait. Il n'était pas difficile! Car vraiment il était peu compréhensible que des Italiens eussent pu méconnaître un drapeau français long de quatre mètres au point de le confondre avec l'étendard vert du Prophète.

Bref, le 23 s'acheva beaucoup moins mal qu'on aurait pu le croire à certains moments de la journée. Le calme était revenu et, tandis que, dans les palmeraies, les Arabes fuyaient pour essayer de rejoindre les Turcs, les Italiens ramassaient pêle-mêle tous les indigènes qu'ils trouvaient, armés ou non, et ils les emmenaient prisonniers pour les entasser dans l'ancienne école des arts et métiers transformée en hôpital-prison et dans les fondouks de la ville. Le général Caneva donna alors les ordres les plus sévères. Sans plus tarder, les soldats fouillèrent les habitations des indigènes pour y chercher les armes qui pouvaient y être cachées. Malheureusement ces perquisitions trop tardives donnèrent peu de résultat. Tous les fusils Mauser, leurs baïonnettes et leurs munitions étaient passés chez les Turcs. On ne trouva plus que de vieux fusils à pierre, tels qu'en avaient les Algériens en 1830. L'état de siège fut alors proclamé et interdiction fut faite de se trouver dans les rues après huit heures du soir. Il était d'ailleurs dangereux de s'y promener, car les soldats italiens rendus inquiets par la trahison des indigènes manquaient de tout sang-froid. Le moindre bruit était suspect ; le moindre choc semblait un coup de feu. Un soir que nous rentrions à notre auberge, quelques confrères italiens et moi, une patrouille prit le bruit du marteau de notre porte pour un coup de revolver et, sans crier gare, elle tira plusieurs coups de fusil dans notre direction. Le lendemain nous retrouvions trois balles dans le mur, à cinquante centimètres de notre porte.

Vingt-quatre heures après, des carabiniers fusillaient sur le seuil de notre auberge un pauvre pêcheur maltais qui, se rendant vers 4 heures du matin à son bateau, avait pris la fuite au lieu de répondre à leurs sommations. L'infortuné ne comprenait que l'anglais et le maltais.

Un détail amusant de cette journée de révolte, ce fut l'attitude des gendarmes indigènes passés au service des Italiens. Ces pauvres gens tremblèrent de tous leurs membres quand ils crurent que les Turcs allaient revenir. Arrachant la cocarde italienne agrafée sur leur dolman, ils la cachaient quand ils rencontraient des notables tripolitains qu'ils savaient toujours dévoués au Sultan, et ils la montraient au contraire ostensiblement dès qu'ils apercevaient un uniforme italien. Les malheureux étaient excusables, car ils se doutaient du sort cruel qui les attendait s'ils fussent tombés vivants, eux des renégats, entre les mains de leurs correligionnaires. Quelques-uns furent pris par les Turcs et on sait le supplice affreux qu'ils subirent.

Les Italiens répriment le soulèvement des indigènes.

Après la révolte, vint la répression. Et celle-ci fut terrible. Une quarantaine d'Arabes pris les armes à la main avaient été amenés au konak pour y être traduits devant la cour martiale.

Le premier qui comparut devant le tribunal militaire fut le cawas du consulat d'Allemagne, Hussein Lummalid. Ce nègre eut les honneurs d'une audience spéciale et il comparut devant ses juges réunis devant le konak le mardi 23 octobre à 4 heures de l'après-midi. Le jugement fut d'ailleurs sommaire et, après une discussion d'une demi-heure, le cawas fut condamné à mort, la sentence devant être exécutée sur le champ. Amené dans une encoignure du konak, le condamné fut assis sur une balle de foin, le dos tourné aux douze fantassins composant le peloton d'exécution. On n'avait pas songé que, si ce nègre méritait la mort pour avoir tué un soldat, il n'en devait pas moins être considéré comme un ennemi ayant servi à sa façon sa patrie et son Dieu. On réservait le supplice des traitres à ce fidèle croyant du Prophète qui comptait sans doute avoir gagné le Paradis en exterminant un Roumi. La balle de foin sur laquelle on l'avait assis était placée au milieu de déjections de toute nature. L'officier commandant le peloton leva son sabre, les soldats firent feu, mais chose incroyable, le cawas ne bougea pas, aucun tressaillement n'agita le burnous blanc dans lequel il était enveloppé. Bien qu'ayant reçu plusieurs balles dans le corps, il n'avait pas bronché, continuant à marmonner ses versets du Coran. Sur un nouveau signal de leur chef, les soldats firent feu pour la seconde fois. Alors le condamné oscilla sur lui-même et tomba à la renverse. Nouvel ordre de l'officier et les douze soldats tirèrent l'un après l'autre sur ce corps allongé contre la balle de foin.

Puis un médecin se précipita et retourna le corps qu'il palpa longuement avant de lui laisser donner le coup de grâce par un sergent de carabinier. Et encore celui-ci, au lieu de placer le canon du revolver dans l'oreille du condamné, comme cela se fait après toutes les exécutions militaires, tira de loin, à trois mètres de distance.

Ce n'était pas assez ! Le médecin après avoir retourné le fusillé jugea qu'il vivait encore. Le carabinier tira un second coup de revolver, toujours de la même façon. Il avait donc fallu 36 coups de fusil et 2 coups de revolver pour abattre un homme, auquel on fit l'injure inutile de laisser la foule se ruer sur son cadavre et le regarder curieusement pendant plus d'une heure.

Un tel spectacle dont je fus témoin d'un bout à l'autre me causa une véritable émotion. Et je témoignai mes sentiments à des officiers italiens que je rencontrai et qui ne purent me répondre sinon qu'ils étaient de mon avis, mais qu'ils n'y pouvaient rien !

A partir de ce moment, les exécutions continuèrent. Mais elles ne furent plus individuelles. Les condamnés jugés étaient exécutés par petits paquets. Bientôt même, des groupes entiers furent fusillés dans les fondoukks où ils étaient enfermés.

Un colonel italien ayant été blessé par une balle tirée par un des prisonniers de l'Ecole des Arts et Métiers, la répression fut immédiate : sans chercher le coupable, on fusilla à bout portant les trente ou quarante Arabes entassés dans le coin de la cour d'où le coup semblait être parti. Peu après cette rapide exécution, je traversai la cour où elle avait eu lieu et je vis que les murs étaient rouges de sang et que des morceaux de cervelle y étaient collés.

Le 25 et le 26, cette répression continua, sans que pour cela la fusillade cessât dans les palmeraies. Les soldats, ivres de peur, ne pouvaient plus voir l'ombre d'un indigène sans se croire enveloppés et trahis. C'était alors la chasse à l'Arabe et tout ce qui passait à portée de fusil, homme ou femme, vieux ou jeune, tombait impitoyablement sous les balles.

Dans un coin de la palmeraie où quelques jours auparavant j'avais vu un campement de paisibles nomades chassés de l'intérieur par la famine, je ne retrouvai plus que les ruines fumantes de leurs misérables huttes. Tous les hôtes du campement avaient été surpris comme ils préparaient leur repas du soir, et 14 cadavres étaient disposés en cercle autour du foyer éteint. Il y avait là six femmes, trois hommes et cinq enfants. Une fillette, en entendant la fusillade, avait voulu se cacher pour ne rien voir : elle avait enfoui sa tête dans une caisse et ce fut dans cette position que la mort vint la prendre. Une autre avait voulu fuir ; les balles l'avaient atteinte quand même et son cadavre pendait, horrible guenille, dans un buisson de figuiers de Barbarie.

En compagnie d'un ingénieur français, M. Bègue, je contemplais ce triste spectacle quand tout à coup les balles crépitèrent. Nous étions entre deux patrouilles de bersaglieri qui, ne se voyant pas à travers les figuiers, croyaient respectivement avoir affaire à des ennemis. De tels faits prouvent à quel degré les soldats italiens avaient perdu toute conscience, à quel point ils étaient frappés de terreur, eux qu'on avait envoyés au nom de la civilisation et de l'humanité !

Avec M. Bègue j'eus le bonheur de sauver la vie à une quarantaine de pauvres gens inoffensifs qui s'étaient réfugiés dans les caves d'une maison abandonnée et que trois artilleurs conduits par un agent colonial, revolver au poing, allaient massacrer sans raison.

On a frémi au récit des tortures infligées par les Arabes aux soldats italiens tombés vivants en leur pouvoir. Mais n'est-il pas de notoriété publique que l'Arabe, de quelque tribu qu'il soit, est cruel et sanguinaire. Enterrer un ennemi vivant, lui arracher la langue, les dents, les ongles et la chair, lui crever les yeux, lui coudre les paupières, le crucifier sur une porte, ou lui faire endurer tout autre supplice aussi raffiné, tout cela lui paraît naturel et prescrit par sa religion même. Il n'est donc pas besoin de lui donner l'exemple et d'exciter sa haine ; de tels agissements ne pouvaient que soulever la colère de tous les indigènes et décider les plus timides. La guerre sainte n'en continua que plus terrible, et on sait qu'aujourd'hui, les Italiens ont contre eux plus de cent mille fanatiques.

Chaque Arabe n'a plus qu'un objectif : tuer le plus de Roumis possible avant de tomber lui-même : « J'ai tué six des vôtres, disait devant moi un Fezzanais que des bersaglieri avaient pris dans l'oasis. Le dernier avait la peau si blanche que j'en ai mangé ! Maintenant faites de moi ce que vous voudrez. » Et, un sourire de mépris aux lèvres, il alla se ranger contre un mur où d'autres prisonniers attendaient leur tour d'être fusillés.

Ce mur devait être pour moi une terrifiante vision. Le 26, dans l'après-midi, comme je revenais du combat de Sidi-el-Mezsri, je passai devant lui; quatre-vingts cadavres atrocement broyés par les balles y étaient entassés les uns sur les autres. Les exécuteurs avaient été si pressés qu'ils n'avaient pas pris le temps d'enterrer les cadavres des morts pour fusiller les autres. Des soldats creusaient un trou profond dans lequel des indigènes chargés de ce funèbre travail jetaient les corps l'un après l'autre. Non loin de là, trois charrettes apportaient un sinistre chargement de trente-trois cadavres ramassés çà et là dans l'oasis. Ces morts étaient effrayants à voir; les uns n'avaient plus que la moitié de la tête : le sommet du crâne avait été arraché par les balles et la cervelle était partie. Les autres avaient les bras et les jambes littéralement hachés. Tout cela apparaissait au milieu de haillons sordides, plus sanglants les uns que les autres. Et des mouches charbonneuses voletaient autour, suçant la mort sur cette charogne pour aller la porter parmi ceux que les balles avaient épargnés.

En effet, les horreurs de ces massacres n'étaient pas suffisantes, il fallait le choléra ! Ce fléau, qui couve d'ailleurs continuellement dans les gourbis crasseux et les fondoukks, ne devait pas tarder à prendre de terribles proportions. Il gagna même les soldats du corps expéditionnaire et tous les jours il fallait en conduire à l'hôpital. En vain l'on disait pour rassurer les esprits qu'il ne s'agissait que d'une épidémie bénigne de dysenterie; il n'en était pas moins vrai que le choléra faisait d'épouvantables ravages.

Quelles précautions prenait la municipalité pour le combattre ? Aucune. Les cadavres en décomposition empestaient l'air. Non seulement les tués gisaient au milieu des chemins, mais encore on abandonnait dans des charniers les cholériques morts dans les hôpitaux. Pendant huit jours j'ai vu, dans un petit enclos, dix ou douze cercueils ouverts dans lesquels pourrissaient des cadavres !

Le 26 octobre, eut lieu le combat de Mezsri. Les réguliers turcs et leurs auxiliaires arabes tentèrent encore une attaque, et ils firent subir de grandes pertes aux Italiens. Les bersaglieri durent charger

(6) Une alerte au konak (palais du général Caneva, à Tripoli). — (7) Un wharf de débarquement à Tripoli. — (8) Le petit soukk de Tripoli ou marché au pain.

à la baïonnette et, dans l'une de ces charges, le capitaine d'état-major Verri fut tué. Cet officier était une curieuse figure. Il était à Tripoli depuis plus d'un an et, sous le déguisement d'un employé de la poste italienne, il avait pu se rendre compte à son aise de la faiblesse de la garnison turque. Mais, de même que le vice-consul Galli, il s'était singulièrement mépris sur les sentiments des indigènes, les croyant disposés à se soumettre aux Italiens. J'ai entendu affirmer que le capitaine Verri, ayant eu conscience de sa responsabilité, avait cherché la mort volontairement, voulant effacer par une fin glorieuse le souvenir de ses erreurs.

Pendant toute la journée, j'allai le long des tranchées de Bou-Meliane à Sidi-el-Mezsri et je pus suivre toutes les phases du combat. Aussi ma surprise fut-elle grande lorsqu'en arrivant à Rome quelques jours après je lus dans les journaux italiens que le combat du 26 avait été une grande victoire et que le corps expéditionnaire avait eu à peine quelques hommes mis hors de combat.

Or, les 23, 24, 25 et 26 octobre, près de cinq cents soldats furent tués, parmi lesquels une dizaine d'officiers. C'est là ce que les Italiens appelaient des pertes insignifiantes !

Une censure excessive.

Le combat de Mezsri fut le dernier événement dont je fus témoin, car le surlendemain, c'est-à-dire le 28, je devais quitter précipitamment Tripoli, le consul de France m'ayant prévenu que j'allais être expulsé pour avoir envoyé à Paris une dépêche annonçant la révolte du 23, sans l'avoir soumise à la censure. Certes j'avais eu raison de ne pas porter mes notes au quartier général, car elles n'auraient jamais été transmises. Le mot d'ordre était donné de ne pas laisser câbler autre chose que les communiqués officiels ou des détails ne concernant en aucune façon les opérations militaires. Et, comme les Italiens détenaient le seul câble qui, par Malte, permet d'atteindre le continent, force était donc à mes confrères de respecter la parole qu'ils avaient donnée de se soumettre à la censure.

Pour moi je préférais au télégraphe le simple courrier postal, plus lent il est vrai, mais plus sûr, d'autant que mes plis partaient scellés dans les sacs de la poste française. Si j'avais eu l'imprudence de les confier à la poste italienne, celle-ci les eût ouverts sans la moindre gêne et les eût dirigés non sur Paris.... mais sur Rome.

Une fois par semaine un vapeur de la Compagnie Touache, le *Tafna*, touchait à Tripoli et y prenait le courrier — mais non les voyageurs, à cause du choléra. Or, le *Tafna* étant arrivé le 24 octobre, c'est-à-dire le lendemain de la révolte, je pus donc confier à son capitaine une dépêche qu'il déposa le lendemain au bureau télégraphique français de l'île tunisienne de Djerba. C'est ainsi que ma dépêche arriva la première à Paris et y apprit les graves événements, alors que les feuilles italiennes publiaient encore des bulletins de victoire.

Avisé par le consul, je me souciais peu d'être gardé à vue jusqu'à ce que je fusse embarqué *manu militari* pour l'Europe. Le hasard voulut que j'apprisse qu'un paquebot allait lever l'ancre pour Syracuse.

En deux heures, mes préparatifs de départ étaient faits, et à midi j'étais à bord du *Josto* où se trouvait déjà le vice-consul d'Italie, Galli, rappelé à Rome pour s'y expliquer. Le pauvre agent diplomatique, qui avait presque rêvé la vice-royauté de la Tripolitaine, avait vu son rêve s'envoler le 23 octobre. Au lieu du pouvoir, c'était la disgrâce !

Je serais trop prétentieux si je prétendais avoir été la seule victime de la censure italienne. Mes confrères anglais et surtout allemands furent, eux, en butte à de véritables tracasseries, alors que je fus tranquille jusqu'au dernier jour et que, sans ma dépêche du 24, j'aurais pu rester encore là-bas.

Les correspondants allemands furent particulièrement molestés par les autorités, et leurs confrères italiens les tenaient à l'index. Aussi leurs journaux, ne pouvant recevoir d'eux aucune dépêche, se vengeaient en publiant de stupéfiantes nouvelles. A Berlin et à Vienne, on lisait que les Turcs avaient capturé en un seul combat 5.000 soldats italiens, 100 canons et des milliers de fusils, sans parler des approvisionnements. En trois ou quatre télégrammes le corps expéditionnaire du général Caneva eût été anéanti. De telles exagérations ne méritaient même pas d'être démenties.

En réalité, la censure avait été dirigée contre les Italiens eux-mêmes. Le gouvernement avait peur des critiques des journalistes socialistes — opposés, on le sait, à l'expédition — qui étaient arrivés parmi les premiers sur le théâtre des opérations. On redoutait que leurs révélations accentuassent le mouvement antimonarchique en Italie. Pourtant, du jour où les hostilités furent engagées, la presse entière, faisant abstraction de toute idée de parti, ne songea plus qu'à l'intérêt national et au succès des soldats italiens.

Ce que les Italiens n'ont pas fait...

Quelques critiques qu'on puisse faire aux organisateurs de l'expédition, il est impossible d'admettre que l'armée italienne puisse être chassée des points qu'elle occupe. Depuis le 1er novembre Benghazi, Tobruck, Homs et Dernah sont au pouvoir des Italiens, qui cependant ont négligé de s'installer à Zouara. La possession de ce port de la frontière tunisienne eût facilité la surveillance de la contrebande inévitable et empêché peut-être bien des incidents.

Mais le plus grand tort des Italiens c'est de piétiner sur place et d'avoir renoncé pour le moment à faire une expédition dans l'hinterland, expédition sans grands bénéfices matériels mais qui eût relevé certainement leur prestige aux yeux des indigènes.

Ceux-ci considèrent maintenant que les soldats italiens ont peur puisqu'ils n'accomplissent pas à la lettre le programme qui avait été arrêté au début. Le général Caneva avait annoncé qu'il irait immédiatement chercher les Turcs dans leurs retraites du Djebel-Gharian. Il ne l'a pas fait, il a commis là une faute irréparable qui sera certainement la cause de son remplacement. Déjà le commandant en chef a dû venir à Rome et, s'il est retourné à Tripoli, ses pouvoirs ne sont certes plus absolus.

Actuellement, les Italiens n'ont plus confiance en eux-mêmes, et, malgré leur nombre, ils n'osent plus s'aventurer dans l'intérieur des terres, trop loin de la protection des canons de leur flotte. Leur artillerie de campagne est bien telle que je l'ai jugée, c'est-à-dire trop lourde et trop encombrante. Les pièces, enfonçant dans les sables jusqu'aux essieux, sont bientôt inutilisables, tant elles sont encrassées.

Pour expliquer ce retard continuel de la colonne qui devait partir vers le Djebel dès novembre, les Italiens ont d'abord prétendu qu'ils attendaient la saison des pluies. Celles-ci sont venues avec les inondations et les Italiens n'ont pas bougé. Maintenant, ils déclarent qu'ils attendent le retour de la belle saison. Mais alors, ils étoufferont de chaleur et risqueront de mourir de soif. C'est avouer qu'on ne peut en réalité pas présumer quand cette fameuse colonne pourra se mettre en marche ! En tout cas, il faut avant tout que les soldats qui la composeront soient équipés et entraînés dans ce but.

Les Arabes en concluent que leurs ennemis ne sont pas les plus forts. Nombreuses sont donc les attaques contre les retranchements italiens, tant à Tripoli qu'à Benghazi, à Ain-Zara, à Gargaresch ou à Tobruck. Le gouvernement turc, qui au début avait été pris au dépourvu et semblait disposé à faire appel à la médiation de l'Europe, ne songe plus à la paix. Il n'a plus rien à perdre et il a tout à gagner : les Arabes se battent pour lui, et ils se battent bien puisqu'ils ne reculent que pour revenir à l'assaut.

Et comme aucune manifestation effective de la flotte italienne ne serait supportée par les puissances, soit dans l'Archipel soit dans la mer Egée, ce n'est pas le bombardement inutile de quelques ports de la mer Rouge qui changera la face des choses.

Assez bien ravitaillés, commandés par des officiers turcs qui parviennent malgré toutes les surveillances à franchir les frontières égyptiennes ou tunisiennes, dirigés même par quelques officiers allemands en congé régulier, les hordes arabes et les réguliers turcs pourront entraver encore longtemps la marche en avant des troupes italiennes.

Avant d'être les maîtres incontestés des deux vilayets turcs et avant de pouvoir espérer y trouver une faible compensation de leurs sacrifices, les Italiens doivent se résigner à y perdre encore des milliers de leurs soldats et plusieurs centaines de millions.

Car, de l'avis de tous les correspondants absolument désintéressés et d'après ce que j'ai pu voir là-bas, sans qu'on puisse m'accuser du moindre parti pris, la conquête de la Tripolitaine par l'Italie est loin d'être un fait accompli. Elle se fera certainement, mais elle est complètement à faire.

Henry COSSIRA.

Février 1912.

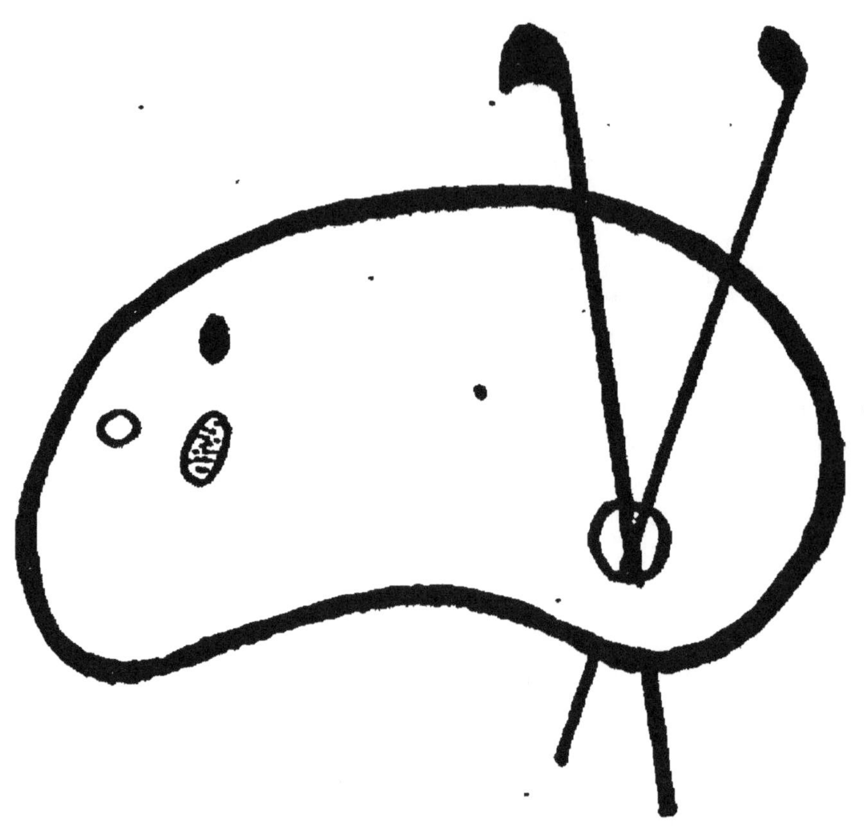

www.ingramcontent.com/pod-product-compliance
Lightning Source LLC
LaVergne TN
LVHW020308230826
846091LV00006B/2595
* 9 7 8 2 0 1 3 2 6 9 6 7 4 *